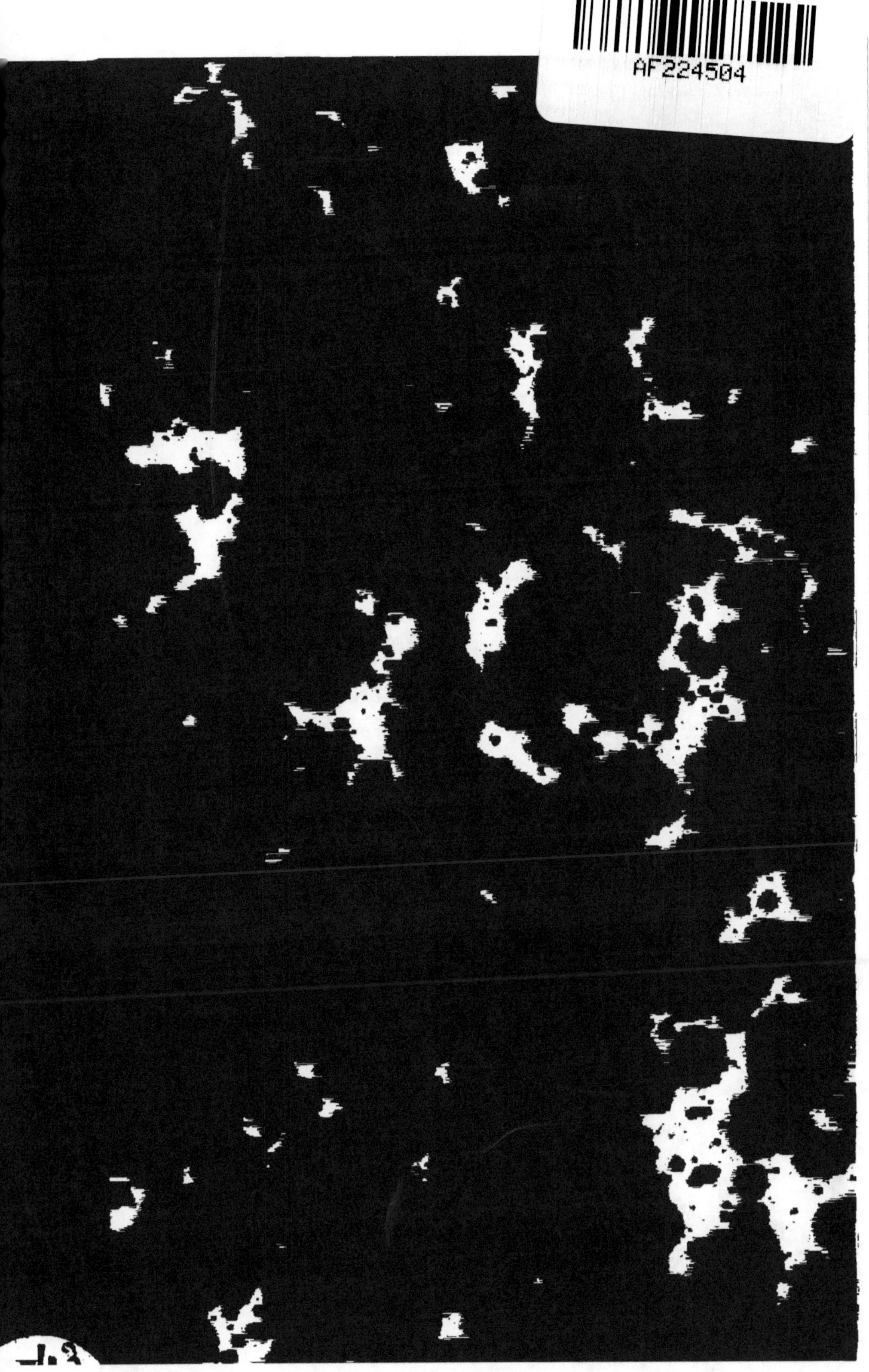

PACIFICATION

DE

L'EUROPE,

Fondée sur le principe des indemnités et de l'équilibre continental
et maritime.

La victoire elle-même conseille la paix.
Page 69.

Par le Cit. FLASSAN,
Ex-Chef de Division aux Relations extérieures.

A PARIS.

Chez DESENNE et DEBRAY, Palais-Egalité.

9 Fructidor, an 8 de la République française.

I.

DU SYSTÈME DE PACIFICATION.

LA paix n'est plus qu'un sentiment universel né du besoin de tous les peuples. Néanmoins, les bases de cette paix tant désirée sont loin d'être arrêtées entre les principaux états; les obstacles singuliers qu'elle éprouve, viennent de ce que plusieurs cabinets comptent encore sur des événemens fortuits, et de ce que chaque état belligérant, ayant long-tems placé sa sureté dans la ruine de son ennemi, s'imagine que son rival l'a voué à la même destruction, et qu'il faut au moins, par des positions fortes, des distributions d'états neuves, braver les chances d'un avenir encore menaçant.

On pourrait donc se flatter d'une paix plus prompte et plus solide, si les états belligérans, dégagés de pressentimens ombrageux, et mutuellement rassurés sur leur existence, mettaient dans leurs prétentions une réserve qui n'indiquât que le désir de la sureté; et certes, si jamais la paix a dû être dégagée de sinistres alarmes, c'est quand le gouvernement français se signale chaque jour par des actes gé-

A

néreux, tolérans, et que sa diplomatie s'est ouverte en propositions dont nos ennemis même ont apprécié la réserve. C'est en adhésion à ses vues que j'ai pris la plume.

Certains diplomates et cabinets, embarrassés de l'état présent de l'Europe, et ne sachant comment y rétablir l'harmonie des pouvoirs politiques, ont imaginé d'en revenir au *statu quo ante bellum* pur et simple; plan, qui, en élaguant en apparence beaucoup de difficultés, renferme pourtant un grand vice, celui de ne contenter ni la France, ni l'Autriche, ni l'Angleterre, et qui, en dernière analyse, offrirait cette cruelle vérité, que, depuis huit ans, la guerre qu'on s'est faite sans motif, est également sans résultat. D'ailleurs, pour que ce *statu quo ante bellum* fût réel, sur-tout pour la France, ne devrait-il pas au moins remonter au partage de la Pologne et à l'invasion de la Crimée, sources premières de la désorganisation de l'Europe; et dès-lors, ce plan devient inacceptable pour ceux même qui l'avouent.

Passons au seul système régulier et praticable, celui des indemnités combinées avec l'équilibre européen.

(3)

En principe général , un état a droit à des indemnités en raison de ses conquêtes , de ses sacrifices et de l'injustice de l'aggression ; ainsi l'indemnité est le prix de la victoire et la réparation de la provocation. Il est inutile ici de remonter aux auteurs de l'aggression , puisque , de part et d'autre, on s'en défend avec des motifs spécieux. Quant aux succès guerriers , ils appartiennent aux Français sur le continent, et il est juste qu'ils aient des indemnités continentales.

Les Anglais ont été victorieux sur mer et aux colonies ; ils ont droit à des indemnités coloniales.

L'Autriche n'a été ni victorieuse ni totalement vaincue ; on peut lui accorder des équivalens de ses pertes , moins par justice que par convenance politique. Les états qui, comme l'Espagne , la république Batave , le roi de Sardaigne, le Pape, et membres de l'empire, n'ont eu que des revers, doivent, à la paix, des sacrifices sans indemnités (1).

____

(1) Les compensations sur lesquelles reposait le système de pacification anglaise , en l'an 4 , rentrent à-peu-près dans l'indemnité. Elles n'ont lieu qu'entre

Mais ces principes doivent être combinés avec un autre plus général et plus relevé, celui de l'équilibre européen. C'est à tort qu'on a voulu, depuis quelques années, le ranger parmi les abstractions diplomatiques. Le système d'équilibre admis par tous les hommes d'état, n'est qu'une des grandes lois de la nature appliquée aux corps politiques: c'est celui de la conservation des états par leur contre - poids respectif. L'équilibre doit exister sur terre comme sur mer. Les fondemens de celui qui réglait l'Europe furent posés à la paix d'Utrecht; mais depuis, il a souffert de graves atteintes; au Nord, par les conquêtes de la Russie sur la Porte et la Suède; au centre, par le partage de la Pologne et les développemens de la Prusse; au Midi, par les agrandissemens progressifs de l'Autriche en Italie. Les ennemis de la France disent que par ses conquêtes vers l'Occident, elle achève de détruire la balance continentale, et ceux de l'Angleterre proclament que, par ses invasions d'outre-

---

es états qui consentent à se départir de leurs conquêtes dans une égale proportion ; ce qui n'est ici applicable qu'à la France et à l'Angleterre, seuls états conquérans.

mer , elle a renversé l'équilibre maritime et commercial. Nul doute , en effet , que si l'Angleterre gardait toutes ses acquisitions coloniales , elle ne régnât bientôt exclusivement sur les mers ; de même que si la République française ne restituait rien , elle subjuguerait un jour le reste de l'Europe et l'Angleterre elle-même. C'est aux traités qui se négocient, à prévenir un cahos fatal à tous et au vainqueur, par un nouvel équilibre continental et maritime combiné avec les justes indemnités dues à quelques états. L'indemnité est toutefois subordonnée à l'équilibre , comme l'intérét d'un état est subordonné à celui de tous les autres,

Il n'est pas facile de rétablir cet équilibre , base du repos universel. Qui peut déterminer avec précision là où il commence, là où il finit? Les valeurs statistiques sont mobiles et d'une évaluation incertaine. Elles se combinent sans cesse avec de nouvelles causes politiques et morales, qui peuvent les doubler ou les affaiblir de moitié. Ce n'est donc que par approximation qu'on peut résoudre le problème de l'équilibre général et des équilibres partiels. L'impartialité et l'isolement de toute passion peuvent seules conduire à des résultats moins imparfaits.

Qu'on n'attende pas de moi que sacrifiant au préjugé, je déverse l'injure sur nos ennemis. La haine nationale dans les combats peut mener à la victoire, et dans la paix, elle produit la rivalité des arts et des inventions; mais dans les matières d'état, l'impartialité conseille mieux que la haine.

I I.

MODE DE NÉGOCIATION.

L'armistice conclu à Maringo, sur le champ de bataille, est devenu la pierre d'attente d'une négociation, dans laquelle l'Autriche exige que l'Angleterre, son alliée, soit admise. Condition plausible et louable si elle est sincère. Mais quel sera le mode de négociation? Suivra-t-on le système des paix partielles? Y aura-t-il un congrès? Y aura-t-il une médiation?

Les paix partielles ont été avantageuses pour désunir les coalitions; mais quand l'époque de la pacification générale est arrivée, il est difficile de ne pas négocier en congrès avec les grandes puissances qui ne veulent point se séparer. C'est-là seulement qu'on peut stipuler avec elles sur les objets d'un intérêt général, sauf à renvoyer les objets secondaires et le mode d'exécution à des commissaires. Dans les paix partielles, les résultats peuvent souvent contredire le grand ensemble des négociations, et plusieurs états peuvent être sacrifiés ou méconnus, tandis que la solennité d'un congrès appelle tous les intérêts comme toutes les lumières. Je sais ce qu'on peut craindre des lenteurs oiseuses d'un congrès, ainsi que des intrigues qui peuvent en faire le berceau d'une nouvelle coalition; mais ne pourrait-on pas convenir que le congrès, après un terme de quatre mois, ou de six au plus, serait dissous de plein droit, et que les litiges majeurs seraient soumis à la médiation d'une ou de deux puissances modérées.

La médiation armée du Nord, si elle se réalise, et qu'elle ait des intentions pures, peut remplir cet objet.

Mais il sera important, avant tout, de connaître, si c'est le cabinet de Pétesbourg qui influence celui de Berlin, ou si c'est celui-ci qui dirige Pétersbourg. La Prusse sera-t-elle désintéressée? Ses tentatives sur Nuremberg et le bailliage teutonique d'Ellingen, indique une envie de sa part d'acquérir, qui serait peut-être justifiée par la longue privation du duché de Clèves et de la Gueldre, et par les frais d'une partie de l'armée d'observation.

La Russie serait-elle sans passion ? Mais si par une impartialité apparente, elle mettait en avant le *statu quo ante bellum*, cette impartialité serait une vrai partialité. Pour la Suède et le Dannemarck, la Prusse ou la Russie leur donnerait l'impulsion.

Le tems fixera l'opinion sur l'existence comme sur les principes de cette médiation armée, qui peut être très - nuisible comme très - favorable à la paix, et qui, par conséquent, ne doit être ni acceptée, ni rejetée légérement.

Je vais parler de la paix avec les diverses puissances, en commençant par l'Angleterre, comme le plus important et le moins maniable de nos ennemis. L'Autriche, la Russie, l'Empire, ne sont que des puissances secondaires. La France, l'Angleterre; voilà, en ce moment, les deux seules nations de l'Europe, puisque tout ne se meut que par elles et autour d'elles.

C'est donc au retour de l'harmonie entre ces deux redoutables gouvernemens, que doivent tendre toutes les méditations diplomatiques.

I I I.

DE LA PAIX AVEC L'ANGLETERRE;

DE LA BELGIQUE.

L'Angleterre a donné, il y a trois ans, le secret de ses intentions politiques dans les deux mémoires confidentiels, remis par le lord Malmesbury, au Ministre des Relations extérieures. Dans le premier, il établissait la base de la négociation : « sur les restitutions à faire
» par S. M. B. à la France, en compensation
» des arrangemens auxquels cette puissance
» consentirait pour satisfaire aux justes préten-
» tions des alliés du Roi, et pour conserver
» la balance politique de l'Europe. » Et d'après ce principe, l'Angleterre demandait,

1°. La restitution à l'empereur et Roi, de
» tous ses Etats, sur le pied de possession avant
» la guerre ;

» 2°. Le rétablissement de la paix avec
» l'Empire Germanique et la France, par
» un arrangement convenable et conforme

» aux intérêts respectifs, aussi bien qu'à la
» sureté générale de l'Europe.

3°. » L'évacuation de l'Italie par les troupes
» françaises, avec l'engagement de ne pas in-
« tervenir dans le pays qui serait remis, autant
» que possible, sur le pied du *statu quo ante*
» *bellum.* »

A ces conditions, l'Angleterre offrait à la
France, la restitution entière et sans réserve,
de tout ce qu'elle avait conquis sur elle dans
les deux mondes. Néanmoins elle se prévalait
du traité d'Utrecht, pour mettre obstacle à
la cession de la partie de Saint-Domingue à la
République, à moins qu'il ne lui fût accordé
à elle-même une compensation.

Dans le second mémoire confidentiel, re-
latif à l'Espagne et à la Hollande, le Pléni-
potentiaire Anglais disait que la paix serait
rétablie purement et simplement avec la première sans restitution, ni compensation,
puisque les deux états ne s'étaient rien enlevé l'un à l'autre : ce qui a changé depuis.
Quant à la Hollande, l'Angleterre refusait de
la rétablir dans le *statu quo ante bellum*,
à moins que la France ne renonçât au bénéfice
du traité de la Haye avec la République Batave.

Enfin, l'Angleterre annonçait l'intention de stipuler les intérêts de la maison d'Orange.

Le Directoire en reconnaissant le principe des compensations, répondit à ces diverses ouvertures, qu'il n'écouterait aucune proposition contraire à la constitution, aux lois et aux traités qui lient la République. Lord Malmesbury opposait que la constitution de la France ne pouvait servir de règle au droit public de l'Europe. Enfin ce Ministre ayant déclaré à celui des Relations extérieures, « que » la cession de la Belgique était et serait cons- » tamment une condition *sine quâ non* de » la paix », il eut ordre de partir sous quarante-huit heures.

La situation de l'Angleterre ayant empiré depuis, elle sollicita une nouvelle négociation avec le Gouvernement français, et des conférences s'ouvrirent à Lille.

Alors les mouvemens de l'Irlande, la révolte de matelots, la crainte d'une scission du Bengale avec la Métropole, la suspension du paiement en numéraire des billets de banque, la perte des emprunts, l'immensité de la dette non consolidée, la défection des alliés; tout semblait pronostiquer le terme de la puissance

Anglaise ou son entraînement à une paix dé-
favorable. Le Gouvernement français, au
contraire, tout raionnant des préliminaires de
paix avec l'empereur, se disposait à diriger
contre l'Angleterre, notre marine unie à celle
de nos alliés, et la force en était alors bien supérieure à celle d'aujourd'hui. C'est à cette époque d'espérance, que les négociations presque
conduites à leur terme par l'habileté et la
sagesse des négociateurs, furent encore inopi-
nément rompues.

Malgré le secret qui a enveloppé les conférences tenues à Lille, il paraît que l'Angleterre s'était désistée d'une partie de ses
prétentions antérieures, et qu'elle eût signé la
paix moyennant la cession de Ceylan et du
Cap de bonne Espérance. On vit le Ministère
Anglais après cette seconde rupture, redou-
blant au dedans d'énergie, éteindre la révolte
de l'escadre de Sheerness, perfectionner son
système de finance, comprimer l'Irlande agitée,
et l'incorporer enfin à l'Angleterre, tandis
qu'au dehors, il combinait une nouvelle ligue
et fesait la conquête des colonies Bataves et
états de Typoo-Sayb. En ce moment, l'Angleterre a tellement amélioré sa position, que
depuis, ses efforts personnels ont surpassé ceux

des années précédentes, et qu'elle a encore fourni d'immenses subsides à ses alliés.

Il est vrai que cette splendeur financière a été un peu ternie par la défection du cabinet de Pétersbourg, et par les revers de l'Autriche. Du côté de la France, la confiance dans le Chef du Gouvernement, la bonne compositon et l'harmonie de tous les pouvoirs, l'extinction de tous les partis, et sur-tout les derniers triomphes en Allemagne et en Italie, ont reporté la République à un haut degré de puissance, dont elle ne semble plus pouvoir déchoir Mais c'est alors même que la position est devenue meilleure, qu'il est sage de s'aboucher par des propositions acceptables. On peut dicter aux petits Etats des lois absolues, mais avec les grands états, fussent-ils vaincus, il faut encore composer sur une partie de leurs désirs.

La conduite superbe de l'Angleterre, et son refus d'écouter les propositions du premier consul, lui mériteraient l'exclusion de la négociation présente ; mais il est de la vraie grandeur de dédaigner les procédés inconvenans, et puisque l'Autriche se trouve liée avec l'Angleterre par un traité dont l'effet doit durer jusqu'en février 1801, il faut encore mettre le cabinet de Saint-James à l'épreuve.

Les principaux obstacles à la paix avec l'Angleterre, sans parler des causes politiques que nous discuterons tout-à-l'heure, se trouvent dans l'aigreur du roi d'Angleterre et de la plupart de ses ministres, liés d'intimité avec les chefs des émigrés : tous leurs discours au parlement ne respirent que la haine du gouvernement français, et le regret de voir avorter tant de desseins si chèrement préparés. M^r. Pitt, sur-tout, n'entrevoit qu'avec dépit l'efflorescence d'une république dont il avait prédit la chûte avec une si éloquente emphase. Son inquiète jalousie l'aigrit personnellement contre un rival dont la haute fortune peut détruire un jour son crédit en Europe, et ternir l'éclat de ce diadème impérial dont vient de se ceindre le front de Georges III ; c'est de cette inquiétude, bien plus que d'aucune conviction, que part l'argument si souvent répété du caractère non éprouvé du vainqueur de l'Italie ; argument dont la sage conduite du héros, bien plus que ses victoires, montrent chaque jour la nullité. Mais ceux qui connaissent l'obstination inflexible de M. Pitt, n'en croient pas moins que le gouvernement britannique, dont il est l'ame, ne fléchira que quand il sera dénué de tout espoir de succès, et qu'il éprouvera l'ascendant de notre fortune. Or, serons-nous facilement triomphans de l'Anglais retranché dans son île et gardé par l'Océan ? Il faut l'avouer ici : nos triomples sur cette nation n'ont guère passé les rives d'Europe, et la Grande-Bretagne, humiliée à Dunkerque, à Hondskoot et au Helder, n'en a pas moins eu de grands succès sur mer, et enlevé une partie importante des colonies françaises et bataves ; conquêtes qui, en consolidant son empire maritime, semblent encore laver le ministère des revers du continent, et l'autoriser à vendre chèrement la paix.

La paix avec l'Angleterre ne peut résulter, du plus au moins, que des moyens suivans :

1°. D'une banqueroute nationale, et de la volonté du parlement ou du peuple anglais de mettre fin à la guerre;

2°. Du succès d'une descente, et d'une révolution en Irlande et en Angleterre;

3°, D'une coalition des états maritimes de l'Europe intéressés à finir une guerre qui ne favorise que le monopole anglais;

4°. D'une invasion en Portugal ou en Hanovre ;

5°. De la situation critique de l'Autriche ;

6°. De cessions de colonies en faveur de l'Angleterre, et des apanages à faire aux enfans de Georges III ;

7°. Enfin, de l'abandon de la Belgique par la république française.

Calculons la réalité de ces divers moyens de paix.

Le triomphe des armes britanniques dans l'Inde, et sur-tout la conquête du pays de Mysore, ayant extrêmement étendu la richesse et la puissance de la compagnie anglaise des Indes, qui est le principe des ressources du gouvernement, le crédit public est assuré pour plusieurs années, et on ne peut plus compter sur une banqueroute nationale ou sur un discrédit absolu des billets de banque, le gouvernement est parvenu, par de nouvelles taxes, à consolider la dette publique, taxes qu'il peut même encore augmenter ; car il est démontré que la nation anglaise ne paie que le sixième de sa fortune au gouvernement, tandis que dans la plupart des autres états, l'impôt enlève le cinquième du revenu net.

Le

Le parlement est composé, en grande partie, de membres dévoués au gouvernement,
et le ministère présent peut se flatter d'y trouver encore long-tems une majorité dévouée
à ses desseins. Quant à la législation britannique, si plusieurs Anglais éclairés en
sentent les défauts, un plus grand nombre
en est admirateur passionné, et on ne doit
point attendre d'insurrection du peuple pour
un changement dans la constitution. Son
antipathie pour la France, d'abord un peu
calmée, s'est réveillée depuis au bruit des
descentes, et par le dessein annoncé d'ÉCRA-
SER CARTHAGE : pareille menace, lue dans
les tavernes, aigrit un peuple fier, et il se
porte à une défense opiniâtre plutôt que
d'accepter des conditions humiliantes. Les
efforts récens de l'opposition au parlement et
à la Cité, pour amener la paix, n'ont point
été soutenus, et la nation paraît encore neutre
dans cette grande question.

Le succès d'une descente en Irlande ou en
Angleterre est subordonné au rétablissement
de notre marine militaire. Nous avons besoin
d'une armée navale au moins égale à celle de
nos ennemis. Notre marine a perdu, dans le
cours de cette guerre, plus de quarante vais-

seaux de haut bord. Ce qui nous reste, joint aux marines espagnole et hollandaise, est insuffisant pour protéger un convoi chargé de troupes nécessaires pour une descente imposante. Si les deux débarquemens effectués en Irlande en attestent la possibilité, ils attestent aussi qu'ils échoueront avec de faibles moyens (1). Si l'on se rejette sur l'espoir prochain de la restauration de notre marine, l'on s'égare; car le calme et l'activité d'une longue paix suffiront à peine pour mettre notre marine au niveau de la marine anglaise, plus que quadruple de la nôtre. C'est à l'origine de la guerre qu'il eût fallu diriger, vers un plan de descente, la moitié de nos moyens en tout genre. Néanmoins, il ne faut pas y renoncer : la démonstration d'une tentative tient les Anglais dans un état de perplexité et de préparatifs dispendieux ; mais il faut pourtant que la possibilité

---

(1) Quand MM. d'Orvilliers et Cordova menaçaient les côtes d'Angleterre, leur flotte était de soixante-six vaisseaux de ligne, sans compter les frégates, et soixante mille hommes, prêts à s'embarquer sur trois cents navires de transport, étaient rassemblés sur les côtes de Bretagne.

de la descente existe ; car à la longue , le simu-lacre n'en imposerait plus.

On eût pu tirer parti, pour la paix , d'une invasion en Hanovre ; mais le traité d'une partie de l'Empire , du 17 mai 1795 , ayant placé ce pays dans une enceinte privilégiée , ce moyen n'est plus dans nos mains : il pou-vait être suppléé par une invasion dans le Por-tugal , invasion dont le commerce anglais sen-tirait vivement le contre-coup ; mais le cabinet de Madrid a toujours montré une grande répu-gnance à coopérer à cette opération , dont il craint les résultats pour lui-même. D'ailleurs, les maisons d'Espagne et de Portugal sont unies par les liens du sang et de l'amitié.

La médiation armée du Nord formée, dit-on , en partie pour le maintien de l'équilibre maritime, pourrait inviter l'Angleterre à la paix, ou fermer ses ports au commerce an-glais. Mais cette mesure , fût - elle adoptée même par tout le continent européen , ce qui est presque impossible , parce qu'elle ne peut être de l'intérét de tous, et sur - tout de ses al-liés ; cette mesure, dis - je , ne serait point en-core décisive , parce qu'il est reconnu que la principale source de la prospérité anglaise est moins dans le commerce d'Europe que dans celui d'Asie (1) , d'Afrique et d'Amérique, qui sont inondées des divers produits de son industrie ; si la France elle - même, malgré les prohibitions de la guerre, en regorge, qu'on juge de la possibilité d'ôter au commerce anglais tous ses débouchés en Europe.

La liaison de la paix de l'Autriche à celle de l'Angleterre, est un point d'un ordre majeur : ces deux puissances, étant unies par plus d'un intérêt comme par l'engagement de ne point faire de paix isolée d'ici à six mois, il serait prudent de s'emparer de cette circonstance, afin de forcer l'Angleterre à une paix que nous ne pouvons lui imposer directement. La question d'une paix séparée de la France avec l'Autriche, ou d'une paix commune à l'Autriche et à l'Angleterre, me paraît digne d'être profondément méditée. La méprise ici peut avoir des suites incalculables : je penserais qu'il faut, par tous les moyens possibles, ne pas séparer deux puissances dont la plus faible doit entraîner la

______

(1) Année commune, même depuis la guerre, il passa pour près de dix-huit millions tournois de marchandises anglaises dans le seul empire de la Chine, voyage de Macartney, tome 5, page 74.

plus forte, si sur - tout celle - ci, par une paix séparée, pouvait devenir insaisissable. Ne pourrions - nous pas dire à l'Autriche : « Nous voulons la paix, et la preuve en est dans les conditions modérées que nous vous offrons ; mais cette paix ne sera point solide, tant que nous serons en guerre avec votre alliée, l'Angleterre ; elle peut incessamment vous ramener dans sa querelle. Nous exigeons donc, pour le bien de l'humanité, que la paix lui soit commune avec vous, autrement, nous allons recommencer la guerre. C'est à votre allié, s'il est généreux, à vous préserver de ces dangers ». Il est à présumer que l'Autriche sentirait la force de ce langage, et qu'elle engagerait l'Angleterre à concourir à une paix qui ne pourrait plus être faite divisément. On pourrait encore stipuler, avec le corps germanique et l'empereur, des apanages en Allemagne, en faveur de quelques - uns des enfans de Georges III, notamment de son fils chéri le duc d'Yorck, dont on séculariserait l'évéché d'Osnabruck. C'est par le cœur du père qu'il faudrait arriver à l'esprit du monarque, et peut-être que l'intérêt paternel dissiperait les préventions du monarque.

Mais tous les moyens de paix dont je viens

de parler, ne sont encore que secondaires. Je vais parler de ceux qui peuvent plus directement entraîner le ministère à la paix. Le cri parlementaire de M. Pitt contre la France, a toujours été *sureté* et *indemnité*. La sureté, il la place dans l'abandon de la Belgique ; l'indemnité, dans la cession de plusieurs colonies. Discutons ces deux points : On se rappelle que Malmesbury déclara au ministre Charles Delacroix, dans une conférence rendue publique, que jamais le gouvernement anglais ne consentirait à laisser la Belgique à la France ; que c'était là une condition *sine quâ non* de la paix. On sait, en effet, qu'un des dogmes de la politique anglaise a été, dans tous les tems, de ne pas laisser ce pays à la France, parce que, suivant elle, *il rompt absolument l'équilibre européen*, nous identifie à la Hollande que nous dominerions, et nous donne une telle étendue de côtes, que sa sureté est compromise par les descentes inopinées que nous pouvons faire en Irlande ou en Angleterre ; enfin, parce que le commerce des Pays-Bas, qu'elle est depuis long-tems en possession de faire, resterait en entier dans nos mains. Si la jalousie du commerce est un motif vil, celui de la sécurité est du moins raisonnable, et l'on ne peut disconvenir que la Belgique ne nous donnât de grandes facilités pour disposer des descentes dont l'Angleterre sent tout le péril. Aussi, est-ce moins l'équilibre européen qui serait rompu par la réunion de la Belgique à la France, que l'équilibre partiel entre l'Angleterre et la république.

Sans rien préjuger sur une aussi grave question, je discuterai seulement ce que deviendrait la Belgique dans le cas où la France y renoncerait ; ce qui, au reste, ne peut avoir lieu qu'à la dernière extrémité. Je mets d'abord de côté la possibilité de son retour à l'empereur. Ce prince n'en veut plus, et d'ailleurrs, l'Autriche, à nos flancs, nous fournirait encore des occasions de guerre qu'il faut éloigner. On pourrait donc, ou laisser la Belgique se gouverner à son gré, ou en faire l'apanage isolé d'un prince de Prusse ; faveur qui consoliderait notre alliance avec la cour de Berlin, et serait l'indemnité du long sequestre de ses possessions sur la rive gauche du Rhin. Il est vrai qu'on l'engagerait à se désister d'une partie de ses acquisitions en Pologne, ainsi que je le dirai plus bas. La France, en renonçant à la Belgique, retiendrait la province de Luxembourg, le comté de Namur, le Haynaut et le

Tournaisis, sur la cession desquels l'Angleterre composerait, parce que son but principal
n'est que de nous priver de l'embouchure de
l'Escaut et des côtes Belges.

Le grand objet pour nous, qui est l'éloignement de l'empereur, serait toujours atteint,
et la Belgique, formant un apanage isolé,
n'offrirait désormais aucun sujet d'inquiétude.
Mais l'aspect d'une guerre indéfinie avec notre
rival, peut seul, je le répète, nécessiter l'abandon d'un pays qui s'amalgame si parfaitement
avec nos mœurs, nos lois, notre territoire,
notre commerce. L'Angleterre se vante de
compter dans ses annales, au quatorzième et
quinzième siècle, deux guerres avec la France,
dont l'une fut de quarante-neuf ans, et la seconde de cinquante-deux. Malheureusement,
une guerre de cette durée n'est pas aujourd'hui
impossible pour elle, si elle veut se tenir sur
la simple défensive, ainsi que l'ont énoncé à
la chambre des communes lord Hawksbury
et M. Windham, ministre de la guerre. En
effet, qu'au lieu de payer des subsides ruineux à
l'Autriche et à l'Angleterre, la cour de Londres se borne à avoir, en croisière ou en station
fixe, quatre-vingts vaisseaux de ligne ; elle

peut, bornant là ses dépenses, continuer, derrière ses escadres, à faire le commerce de l'Univers, liquider même sa dette nationale, et forcer nos escadres inférieures à vieillir dans nos ports. Si l'Angleterre adoptait ce système, qui serait applaudi de tous nos ennemis secrets, quel terme aurait la guerre ? Je sais que des personnes éclairées prétendent que ce système est impraticable ; qu'à la longue, il tiendrait l'Angleterre dans une position *forcée* qui l'entraînerait à une paix où elle recevrait la loi de la France. Cette opinion me paraît peu admissible ; il y a cette différence entre cette puissance et l'Autriche, qu'une série de revers peut contraindre celle-ci à la paix ; mais l'Angleterre, étant sous plusieurs rapports comme hors du système de guerre, peut se refuser à la paix tant qu'elle trouvera un plus grand avantage dans la guerre. Or, jusqu'ici de son aveu, la guerre l'a enrichie ; et qui peut en effet calculer ce que lui ont valu, seulement l'année dernière, la conquête de Surinam, de Demerary, d'Essequibo, celle de Minorque, la prise de plusieurs galions, et l'occupation des états de Tipoo - Sayb, sans parler de ce que lui rapporte son commerce d'exportation depuis qu'elle est délivrée de la concurrence de la France, concurrence que la paix ne tarderait pas à rétablir.

Le ministre anglais Windham et lord Grenville, dans une des dernières notes officielles, ont annoncé le rétablissement de la royauté en France, et même le rappel des Bourbons, comme gage de la sureté de l'Angleterre et moyen exclusif de la paix ; mais on ne doit regarder ces aveux que comme des complimens de condoléance faits aux Bourbons, ou tout au plus comme des aveux personnels aux ministres, mais nullement confirmés par la nation indifférente au sort des Bourbons.

Passons aux indemnités et cessions qui pourraient déterminer l'Angleterre à la paix.

Dans la négociation de lord Malmesbury, dont les bases principales seront toujours reproduites par le ministre Anglais, soit parce qu'elles sont calculées dans le sens anglais, soit parce que la position respective des puissances, est en résultat, à-peu-près la même, on voit que le cabinet de Saint-James en offrant de rendre à la France toutes ses colonies, en compensation des restitutions qu'elle ferait, se réservait pour lui même, des indemnités qui portaient sur Ceylan, Trinquemale et le Cap de bonne Espérance, comme sur un objet indéterminé en Amérique pour la cession à la France de la partie espagnole de Saint-Domingue.

Ainsi l'Angleterre fesant deux parts de ses conquêtes, en employait une au rachat de la partie d'Europe conquise par les Français, et retenait l'autre pour elle-même. On pourrait d'abord observer que les territoires conquis en Europe par les Français, sont en raison de la localité, de la convenance et de la population, beaucoup plus importans que ne peuvent l'être, en raison de leur étendue et de leur richesse, les Isles conquises par les Anglais; Les possessions d'Europe sont solides ; celles d'outre - mer sont mobiles et précaires. Ainsi le principe des compensations rigoureusement poussé d'après la stas-itque politique, ne serait peut - être point aussi favorable aux Anglais qu'ils le pensent. Mais cette expertise des conquêtes aux colonies et en Europe, pouvant être l'objet d'une controverse arbitraire et sans fin, pour le bien de la paix, il faut accorder aux Anglais des indemnités coloniales. Quelles seront les colonies sacrifiées?

1°. L'Angleterre a déclaré ne pouvoir consentir à la cession de la partie Espagnole de Saint-Domingue à la France, d'après le traité d'Utrecht, et parce que cette acquisition détruirait l'équilibre commercial dans cette partie du monde. Quoique cette réclamation paraisse fondée sur un point de droit litigieux et sur une crainte simulée, on pourrait consentir que les Anglais gardassent l'isle de la Trinité (1), qui remplirait sans doute leur objet par sa position; l'Espagne en ferait le sacrifice, moyennant la restitution de Minorque.

2°. Ceylan, Trinquemale et le Cap, sont convoités par les Anglais. Leur cession achevera de donner à l'Angleterre la primauté du commerce d'Asie, première branche du commerce universel. Au lieu donc de délé-

---

(1) L'île de la Trinité, l'une des Antilles, me paraît beaucoup moins importante que l'île de Minorque, quoiquè son terrain soit très - fertile; elle est à peine peuplée. Son principal avantage est une rade vaste, qui, dans toutes les saisons de l'année, offre un abri sûr aux navigateurs.

guer les indemnités sur les colonies bataves des Indes, ne vaudrait-il pas mieux les faire porter sur Surinam, Essequibo, Demerary, et même Saint-Eustache, dont les productions se trouvent équivalemment dans nos propres colonies d'Amérique, où d'ailleurs toutes les nations Européennes se maintiennent dans une plus grande égalité qu'en Asie. Quand l'Angleterre demanda Ceylan, elle n'avait point encore conquis Surinam, ni les autres colonies dont nous venons de parler.

On pourrait donc se borner à lui offrir des équivalens en Amérique : ce point est important, car si elle s'obstine à garder les colonies Bataves des Indes, que deviendront les établissemens Asiatiques de la France ? isolés, gênés, vexés par leurs rivaux, ce seraient des possessions onéreuses et sans dignité, qu'il serait dès-lors plus sage d'abandonner pour nous concentrer aux isles de France et de la Réunion, ainsi que l'ancien gouvernement en avait eu le projet.

En résumé, en reconnaissant aux Anglais le droit à des indemnités coloniaels, elles doivent, d'après tous les principes d'équilibre commercial, porter sur des colonies d'Amérique plutôt que sur des colonies d'Asie.

La chûte de Tipoo - Sayb, l'ami et l'allié de la République, de l'aveu même des Anglais, qui ont publié un traité d'alliance conclu entre lui et nos agens de l'Inde, la chûte, dis-je, de ce prince ne doit point nous être indifférente. Il a été enseveli sous les débris de son trône, victime de son attachement pour nous. Ne pourrait-on pas exiger des Anglais la restitution de tous ses états à la famille qui en a été entièrement dépossédée, ou faire entrer dans la balance des compensations, un riche et vaste pays dépouille de notre allié. On peut pressentir que cette demande alternative aura peu de succès, néanmoins avec de l'art on peut en tirer quelque parti, et elle ne doit pas être totalement écartée. Ici du reste, s'offre une satisfaction secrette ; c'est que plus la puissance des colonies anglaises dans l'Inde s'accroît, et plus s'approche l'époque inévitable du divorce politique entre elle et la Métropole, par l'effet de leur gravité et de leur force propre. Laissez au tems ce grand œuvre. Il en coûtera moins pour l'émancipation des Indes Anglaises, que pour celle des Etats-Unis. Le jour où le gouvernement du Bengale voudra être libre, il le sera, et certes il préférera tôt ou tard une noble in-

dépendance à la fonction de facteur des né-
gocians de Londres. L'éloignement de ces
vastes contrées, leur richeste, leur population,
l'alliance que leur offriront les Marates et
autres Indigénes puissans, les troupes nom-
breuses de la compagnie soudoyées pour con-
tenir, et qui s'insurgeront pour protéger,
l'organisation sociale, chaque jour perfectionnée dans ces contrées par le gouvernement lui - même, tout annonce la possibilité
comme l'urgence d'une révolution dont le
résultat sera d'admettre indistinctement toutes
les nations d'Europe dans les marchés de
l'Inde.

Expulsés du continent d'Asie, les Anglais
réduits à la possession précaire de quelques
isles, n'auront peut-être pas un sort plus bril-
lant que celui des Français, maîtres des isles
de France et de la Réunion. Que nos alliés
sacrifient donc quelque colonie à la paix, et
quelle colonie vaut mieux que la paix! toute
cession en ce genre n'est qu'un engagement
à terme, dont les chances plus heureuses d'une
nouvelle guerre maritime, nous releveront
tôt ou tard.

I V.

AUTRICHE, LOMBARDIE.

Après l'Angleterre, l'état avec lequel il nous importe le plus de conclure la paix, c'est l'Autriche. Or, l'Autriche veut-elle la paix? On doit le présumer, parce que sa détermination à cet égard est le résultat d'événemens impérieux qui commandent à ses affections secrettes. On sait qu'elle est liée avec l'Angleterre jusqu'en février 1801, par un traité offensif, d'après lequel, ni l'une ni l'autre ne concluront de paix séparée. L'envoi subit que l'Angleterre a fait à l'Autriche d'un subside de trente - six millions à la nouvelle de ses revers, annonce son intention de la captiver encore, et il est vraisemblable qu'elles seront fidelles à l'engagement d'une paix commune, à moins que les événemens d'une nouvelle guerre, n'entraînassent l'Empereur à une paix rapide et séparée. Mais est-on du moins assuré que l'Autriche au plus tard à l'expiration du traité avec l'Angleterre, fera la paix avec nous? La chose est probable, si la face des affaires n'a point sensiblement changé à son avantage; si elle est satisfaite de nos offres, et si sur-tout la médiation du

Nord

Nord ne se prononce pas fortement pour lui. *elle*.
Or, quelle sera la conduite présumée de la
Prusse et de la Russie ? la première paraît être
en bonne intelligence avec la cour de Vienne
qui l'a séduite par la franchise de ses communications après les désastres d'Italie. Dail-
leurs, la Prusse peut bien désirer l'affaiblissement de l'Autriche, mais non un trop
grand affaiblissement, encore moins une ca-
tastrophe absolue.

La Russie s'est rapprochée de l'Autriche,
et l'on devait s'y attendre : la querelle de
Paul I et de François II, était plutôt celle de
deux amis rivaux que de deux ennemis im-
placables. C'est contre la France que paraît
toujours se diriger la haine de Paul I, haine
nourrie par son caractère impétueux, irascible,
et l'antipathie de ses ministres pour nos principes. Toute jalousie cessant, la Russie sent,
ainsi que la Prusse, que l'Autriche est le
boulevard du Nord, et que sa chûte y accé-
lèrerait une révolution générale. Pour prévenir
une nouvelle alliance des cours de Vienne et
de Pétersbourg, ou une troisième coalition,
il faut se hâter de traiter raisonnablement
avec l'Autriche.

L'érection de la Lombardie en république,

est le point qui blesse le plus cette puissance clairvoyante : elle sent que cette république pesant sur l'état Vénitien et le Tyrol par les ligues grises, lui sera incommode par ses principes et son union avec nous. Cependant la Cisalpine, par une décision provisoire, vient de remonter au rang des peuples. Son indépendance sera - t - elle une des conditions absolues de la paix ? Dans ce cas, il faudrait tranquilliser l'Autriche, ou du moins adoucir ses regrets par la cession du Ferrarais et du Mantouan, qui lui offrent des suretés pour sa frontière d'Italie. Si au contraire le gouvernement Français, convaincu que cette république n'a point sans nous de moyens suffisans de résistance, et qu'appuyée par nous, elle peut souvent nous compromettre ; si le gouvernement Français, d'après ces considérations qui se lient à celles d'une paix solide, renonçait à donner l'indépendance à la Lombardie, quel serait son sort ! . . . . . On pourrait en faire un appanage pour le duc de Parme, ou quelque autre prince non Autrichien, après en avoir détaché quelques parties pour le Piemont et la république Ligurienne. Il y a long-tems qu'on est lié par des promesses vagues avec l'Espagne au sujet du duc de

Parme. Au fond, l'essentiel pour nous n'est pas que la Lombardie soit sous telle ou telle forme de gouvernement ; mais que vers le levant, il existe entre l'Autriche et nous, des intermédiaires, et à cet égard, le Piémont et la Ligurie offrent un barrière respectable, sans compter celle des Alpes. Aussi je n'hésiterai point à dire, que si la république Cisalpine pouvoit devenir un sujet constant de discorde, et nous mettre aux prises avec l'Autriche et l'Italie supérieure ; l'humanité et la politique se réuniraient pour adopter un terme moyen, celui de sa cession à un prince particulier.

On objectera que cette nouvelle république est une barrière contre les vues de l'Autriche sur l'Italie. Mais les Français ne sauront-ils arrêter le vol de l'aigle ? Le Saint-Bernard et le Simplon seront-ils donc inaccessibles à nos neveux, et l'Italie ne nous est-elle pas entièrement ouverte depuis la démolition des principales forteresses du Piémont ?

On objectera encore que le Mantouan et le Ferrarais, ajoutés aux ci-devant provinces Vénitiennes, excéderaient la mesure des indemnités dues à l'Empereur. Mais les provinces ex-Vénitiennes, à l'exception de la Terre-Ferme, sont en général dépeuplées, infertiles, et Venise elle-même est une acquisition plus brillante que lucrative, où la maison d'Autriche pourra peut-être à la longue former une marine protectrice de l'Adriatique, mais jamais une marine menaçante pour la France et les nations du Levant. Il eût fallu pour cela que l'Autriche eût gardé Corfou, Céphalonie, Sainte-Maure et les autres isles ex-Vénitiennes. Ce n'est que par leur contiguité avec ses autres états, que l'Autriche peut gagner à l'échange des Pays - Bas contre Venise, qu'il faut se garder de confondre avec l'antique Venise, regnant à Constantinople, et fesant presque seule le commerce de l'Orient avant la découverte du Cap de bonne-Espérance.

Si l'Autriche renonçait au Brisgaw, ainsi qu'il en a été souvent question, ce pays servirait à appanager quelque prince dépouillé, et l'Autriche aurait en dédommagement, une partie de l'archevêché de Strasbourg.

Dans la discussion avec l'Empereur, il ne faut pas mesurer, la toise à la main, les pays accordés; mais se pénétrer avant tout de la nécessité de lui faire *une bonne part*, soit afin d'obtenir son aveu pour des acquisitions proportionnelles, soit afin de détacher l'Autriche de la coalition continentale, dont elle est le centre, comme l'Angleterre en est le mobile; soit enfin pour lui ôter de l'esprit par des procédés généreux, que nous méditons encore sa ruine dans l'avenir : pensée trop mal calculée pour exister, car il n'est point de notre intérêt d'écraser cette puissance qui est le rempart de l'Europe contre l'ambition Moscovite, comme elle le fut dans les seizième et dix-septième siècles contre les Turcs. — Il faut au centre de l'Europe une force qui arrête le déversement des peuplades du Nord sur le Midi, comme les invasions du Midi sur l'Occident. Pour l'intérêt de la France elle-même, il doit exister des contre-poids qui la maintiennent dans la sagesse et la vigilance. Les grands empires de l'antiquité ont péri par le défaut de puissances rivales. La France doit aspirer à un dégré de force qui lui garantisse son indépendance; mais elle doit redouter la domination suprême. Le dernier terme de la grandeur est le commencement de la décadence.

V.

DE L'EMPIRE GERMANIQUE.

Les deux nations Germanique et Française doivent être comme les arcs-boutans du continent. C'est autour d'elles que tous les autres états doivent se grouper, non pour se combattre, mais pour se maintenir. La République laissera aux progrès du tems le soin de modifier, de changer la constitution germanique, constitution d'une féodalité gothique sous quelques rapports, mais qui, sous d'autres, offre des images d'ordre public et des idées de noble indépendance. Cette constitution vieille de trois cents ans, a classé une multitude d'états et de princes rivaux. L'empereur lui-même est sujet à des décisions qui, pour n'être pas toujours exécutées, n'en laissent pas moins à la nation germanique, représentée politiquement à Ratisbonne, et civilement Vetzlaar, des prérogatives qu'on chercherait envain dans plusieurs états du nord et du midi. Enfin cette réunion de tant de princes soumis à un droit commun, peut servir de modèle un jour à une confédération plus étendue, et c'est elle sans doute qui a fourni l'idée première de ces plans d'organisation politique et d'un tribunal suprême, juge des peuples et des souverains. Ces esquisses imparfaites qu'on retrouve dans Sully, Saint-Pierre, Mably et Rousseau, indiquent que si le repos constant des peuples est aussi difficile à trouver que le mouvement perpétuel en mécanique, le problème de la paix universelle peut pourtant être résolu approximativement.

Puisque la nation Germanique doit toujours être indépendante de nous sous les rapports naturels et politiques, rétablissons l'harmonie avec elle. La paix avec l'Empire ne peut éprouver d'obstacle ni de délais, si la République renonce au cours du Rhin pour limites. Cette ligne du Rhin sur laquelle on avait bâti le système arbitraire des limites naturelles, n'est pas un point de défense plus solide que des forteresses ou une chaîne de montagnes. Au contraire, la facilité du transport des pontons, peut favoriser le passage du fleuve en plusieurs endroits à-la-fois, et multiplier les surprises. Est-il d'ailleurs une limite pour le courage et l'ambition, et demain ne peut-on pas en chercher une nouvelle dans le Necker, le Mein, le Danube, et pousser ainsi jusqu'à la Vistule ou au Volga. Dans les guerres futures de la France avec l'Empire, car elle en aura, où sera son indemnité? Il faudra bien qu'elle la cherche au - delà du Rhin, et dès-lors que devient cette limite naturelle? C'est dans une longue période que la république par des progressions lentes doit arriver à la ligne du Rhin. Dirait-on que la sureté de la République, exige qu'elle l'ait dès aujourd'hui; mais l'Empire répond que sa propre sureté et celle de l'Europe s'y opposent; la question ne peut être jugée que par les armes, et c'est ce qu'il faut éviter.

Si la France renonce à la limite du Rhin, dès - lors cesse tout prétexte de guerre avec le Corps Germanique; dès - lors disparaît la possibilité d'une guerre avec la Russie et la Prusse, qui se prétendent conservateurs de l'intégrité de l'Empire; la première quoique sans fondement, comme médiatrice et garante de la paix de Teschen (1); la seconde comme chef de la confédération Germanique conclue

---

(1) Le traité de Teschen, du 13 mai 1779, où la Russie fut médiatrice et garante, n'embrasse que le patrimoine de la maison bavaro - palatine, et non les autres états de l'Empire, dont l'intégralité n'a jamais été mise sous la sauve-garde de la Russie.

à Berlin, le 23 juillet 1785, entre les trois électeurs de Saxe, de Brandebourg et de Brunsvick - Lunebourg, et à laquelle ont accédé une grande partie des princes de l'Empire. Dès-lors la Prusse, le Landgrave de Hesse-Cassel, le duc de Wirtemberg, le Margrave de Bade et les autres princes qui ont cédé des portions de leurs états à la République, avec une promesse d'indemnités, ces princes rentreraient de droit dans leurs possessions. Quant aux domaines princiers et fiefs d'Empire enclavés en France, ils seraient considérés comme des terres de simples particuliers, soumis aux lois de la République, et dans le cas où ils auraient été vendus, la valeur en serait réglée à l'amiable. Enfin, par l'abandon de la rive gauche, tombent tous les débats à naitre pour les sécularisations, lesquelles n'auraient plus lieu que pour le très - petit nombre de princes qui doivent être appanagés, tels que le prince d'Orange, le duc de Modène et le duc d'Yorck. Les évéchés de Vurtzbourg, de Paderborn et d'Osnabruck paraissent propres à remplir cet objet. La France après s'être concertée avec l'Empereur à cet égard, lui abandonnerait le choix des moyens d'exécution.

Il est question depuis long-tems dans l'Empire de la création, d'un neuvième électorat, vacant par l'extinction de l'électorat palatin du Rhin. L'Autriche et la Russie portent le duc de Wirtemberg ; et la Prusse, le landgrave de Hesse-Cassel. Certains engagemens de la part de la France paraissent la lier en faveur de ce dernier qui a été fidèle à la neutralité. Néanmoins, comme ceci est encore du régime intérieur de l'Empire, elle éviteroit d'insister, afin de convaincre l'Europe qu'elle veut désormais se concentrer, autant que possible, dans ses droits essentiels.

L'électeur de Bavière, notre voisin par le Bas-Palatinat et les duchés de Deux-Ponts et de Juliers, se trouve dans une position fâcheuse. Jeté dans la guerre par la Russie, l'Autriche l'y a retenu par son voisinage, et l'Angleterre par ses subsides. Il est de l'intérêt de la France que la Bavière ou le haut Palatinat reste tel qu'il est, d'autant plus que la Prusse, garante de l'intégralité des états de l'électeur, paraît s'interposer vivement en sa faveur.

V I.

Prusse. — République Batave.

C'est un beau triomphe pour la diplomatie française d'avoir maintenu la Prusse dans la neutralité depuis la paix de Bâle, malgré les tentatives multipliées faites pour l'armer contre nous. Peut être, dira-t-on que cette neutralité de la Prusse tient moins à un attachement pour nous, qu'à l'espoir de fortes indemnités, à sa rivalité avec l'Autriche, à la pénurie de ses finances et à l'irrésolution de son cabinet; mais n'importent les intentions, quand les résultats sont pour nous. Pour maintenir la Prusse dans cette neutralité, il faut lui garantir les indemnités raisonnables qu'elle désirera. La Prusse paraît toujours ressentir de l'inquiétude du voisinage de la république Batave; mais, à la paix, la France en retirera infailliblement ses troupes, et alors la Prusse pourra licencier l'armée d'observation.

Si la Belgique ne reste point à la France, la république Batave sera rétablie dans son ancien territoire, et la France se départira du bénéfice des articles 12, 13, 14 et 15 du traité de la Haye du 27 floréal an 3, lesquels lui assuraient la Flandre Hollandaise, Maëstricht, Venloo, et l'indivis du port de Flessingue. On sent que ces places lui deviendraient alors inutiles. La république Batave céderait aux anglais, à la paix générale, une portion de ses colonies aux Indes, ou en Amérique. Si le Cap lui revenait, il serait déclaré port neutre pour toutes les nations.

On connaît les rapports nombreux qui attachent la maison de Brandebourg à celle d'Orange. Celle-ci, à la paix, sera appanagée dans l'Empire : on pourrait lui donner Wurtzbourg.

V I I.

DANEMARCK. — SUÈDE.

La neutralité du Danemarck a été jusqu'ici l'effet d'un calcul politique et philosophique : celle de la Suède n'a guères été que de l'impuissance. Cet état, jadis dominateur du Nord, a parcouru ses phases ; il est à son couchant, et sa nouvelle destinée est fixée par la perte de ses plus belles provinces et le développement toujours croissant de la puissance russe, que l'imprudent Charles XII alla tirer d'une léthargie dans laquelle elle sommeillerait peut-être encore. La dé-

(45)

fense de la Suède n'est plus que dans sa pauvreté et l'aspérité de ses montagnes. La Russie peut un jour en consommer la chûte, qui entraînerait le Danemarck. Pour prévenir cet événement, un seul moyen paraît s'offrir; ce serait d'affilier ces deux puissances au Corps Germanique, dont elles deviendraient parties intégrantes pour la totalité de leurs états; et, dès-lors, la Russie, en les attaquant, provoquerait contre elle une guerre d'Empire. Ce plan est d'une exécution d'autant moins impossible, que le Danemarck est déjà membre du Corps Germanique pour le Holstein, et la Suède pour la Poméranie ultérieure. Il en résulterait encore un nouveau contre-poids, dans le cas où l'Autriche voudrait faire des envahissemens dans l'Empire.

Objecterait - on le non exemple d'une pareille affiliation ? Mais en politique, les nouveautés sont justifiées par l'utilité, et ici elle est réciproque. Une diète extraordinaire suffiroit pour rendre légale cette mesure conservatrice de la Suède, du Danemark et de l'Empire, sur-tout, qui a besoin de nouveaux appuis.

Une diplomatie qui embrasse l'harmonie de

l'Europe doit toujours avoir en vue l'organisation de l'Allemagne, non comme Empire, mais comme collection d'une multitude d'états qui, s'ils ne sont point amalgamés en une fédération qui les régularise, les protège et les contienne, iront se perdre peu-à-peu dans de grandes puissances, ou seront le germe de sanglantes guerres ; et ce système paraît fondé, soit que l'Allemagne reste sous des gouvernemens monarchiques ou concentré, soit que par des révolutions très-possibles, elle adopte le régime républicain.

V I I I.

RUSSIE, POLOGNE, MAISON DE BOURBON.

La Russie ayant retiré ses troupes de la coalition, cesse par le fait d'être en guerre avec nous ; néanmoins on sent que delà à une bonne harmonie, il y a loin, et le cabinet de Pétersbourg paraît encore bien peu disposé à un rapprochement. On pourait le faire naître par quelque acte agréable à Paul I, et qui se lierait à la politique générale. Il paraît que ce prince avait flatté le prétendant de son rétablissement. Ses promesses tenaient autant à la générosité, qu'à une confiance exagérée en ses propres forces. Le prétendant est à sa charge, et la cour de Pétersbourg magnifique par ostentation, dans ses premières faveurs, les retire souvent par inconstance ou impuissance de les continuer. Ce serait donc la servir que de la débarrasser du fardeau du prétendant. La cour de Vienne de son côté, quoique plutôt guidée par les calculs de cabinet, que par les affections privées, n'est pourtant pas indifférente au sort des Bourbons. L'Angleterre les appuie visiblement, et il n'est pas hors de vraisemblance que dans les négociations futures, il ne se mêlât quelque sollicitation pour cette famille. Ne serait-il pas possible de lui procurer un état fixe et héréditaire en Pologne? et la Russie et l'Autriche ne pourraient - elles pas renoncer en sa faveur, à une portion de leurs acquisitions dans ce pays? La Russie aurait satisfaction sur Malte, et l'Autriche une part meilleure dans ses indemnités, soit en Italie, soit en Allemagne. — La Prusse se prêterait à cet abandon, moyennant des compensations à sa convenance, et déjà, il s'en trouve une dans l'investiture de la Belgique, en faveur d'un prince de Brandebourg, si la France renonçait à la Belgique maritime. On sait que les trois puissances copartageantes tiennent peu à leurs acquisitions en Pologne, dont elles sentent tout l'onéreux. Delà tant de rumeurs diverses qui rétablissaient le trône de la Pologne, tantôt en faveur de feu prince Louis de Prusse, tantôt en faveur du grand duc Constantin, ou du Palatin de Hongrie. Il serait peut - être possible de réaliser ces vagues dispositions en faveur du prétendant dont la grand'mère était d'ailleurs une Polonaise. Là finiraient tant de prétentions impuissantes, il est vrai, mais qui peuvent longtems encore servir d'aliment au parti royaliste en France. Ainsi la République releverait en partie le trône de la Pologne, dont la chûte laisse un si grand vide dans le Nord, et reporterait au rang des peuples la noble nation polonaise si digne par son attachement comme par nos promesses, de n'être pas oubliée dans cette nouvelle fixation d'états. Cet événement en dégageant les rois de l'Europe de l'intérêt vrai ou faux qu'ils portent au prétendant, détruirait leurs préventions contre nous, et leur montrerait que la France a pu secouer le joug monarchique, sans devenir l'implacable ennemi des monarchies. Les trois cours copartageantes seraient peut-être plus disposées qu'on ne pense, à

élever

lever entre elles une nouvelle puissance, trop
faible pour inspirer de l'ombrage, et assez
tendue pour empêcher un contact immédiat
qui les fatigue.

Quant à la République française, que lui
importerait que le prétendant eût dans la
Sarmatie un trône subalterne ? L'essentiel est
qu'il soit loin de la France, qu'il agitera encore long-temps, s'il est errant et malheureux.
Sa puissance, ses droits ne sont plus que
d'opinion; mais cette opinion ne laisse pas
que d'agir encore sur beaucoup de têtes faibles ou passionnées. On sent du reste qu'une
abdication en forme pourrait accompagner
les arrangemens faits en faveur du prétendant.

Ainsi que dans la France, le génie noble
et élevé du premier consul a voulu éteindre
les haines civiles, il serait non moins beau
d'étouffer au dehors les longs ressentimens,
et de poser la première pierre du temple de
la concorde politique, comme on a, le 14
juillet, posé le fondement de la colonne à la
concorde civile. Si on ne cherche pas par de la
générosité à enchaîner les rivalités, à détruire les sanglans souvenirs, la paix ne sera
qu'une trève, à laquelle succéderont de nou-

velles luttes toujours plus animées, parce que l'art de la destruction est le seul qui se perfectionne. La liberté publique n'aurait-elle été que le signal d'une intolérable calamité?

I X.

ESPAGNE. — PORTUGAL.

Quoique dans une position singulière à notre égard, le cabinet de Madrid a constamment résisté aux sollicitations de nos ennemis, et réuni une partie de sa marine à la nôtre; résultat du traité d'alliance du 19 août 1796, qu'on peut compter parmi les beaux succès de notre diplomatie.

L'Espagne a perdu Minorque et l'île de la Trinité, et n'a rien conquis : le cours des événemens l'entraîne à racheter la première par la seconde, et c'est encore s'en tirer heureusement; car si la guerre se prolongeait, nul doute que les Anglais ne tentassent d'enlever les Philippines, afin de rester seuls maîtres de l'Océan indien. Cet événement provoquerait la banqueroute de la compagnie des Philippines et porterait un nouveau coup au commerce et aux finances de l'Espagne déjà si obérées.

(51)

Il sera de la dignité de la République d'in-
demniser l'Espagne, s'il est possible, des sacrifices qu'elle fera à la paix, soit en déve-
loppant en Italie l'existence bornée du duc de
Parme, soit en favorisant l'établissement du
prétendant dans le nord; c'est la cour d'Espagne, sur-tout, qui nous saurait bon gré
de tempérer les disgraces de ses parens dé-
chus.

Le Portugal n'a rien perdu ni rien conquis.
La paix le laissera dans la même position.
Nous reprendrons avec lui les liaisons fixées
par le traité de Paris du 23 thermidor an 5,
lequel sera déclaré valable.

On prétend que d'après l'examen des cartes
rectifiées de l'Amérique méridionale, le Portugal gagne plus que la France dans les nouvelles limites posées entre la Guiane française et la Guiane portugaise, lesquelles ont
pour base la rivière de *Vincent Pinçon*. Le
principal avantage dans ces possessions loin-
taines, n'est pas tant le plus ou moins de terres
sans culture, qu'une bonne division territo-
riale : si néanmoins le désavantage dont on
parle est réel, on peut le rectifier par un article explicatif du traité cité.

X.

RÉPUBLIQUE HELVÉTIQUE. — GENÈVE.

Les Suisses et Grisons se gouverneraient comme ils l'entendraient, ou la France se concerterait avec l'Autriche pour une forme de gouvernement qui ne blessât aucune des deux puissances intéressées, par le commun voisinage, à ce que la Suisse soit calme et régie par un gouvernement mixte, garant de sa neutralité, seul parti qui lui convienne.

Genève, ainsi que le pays de Vaud, resteraient incorporés à la république Française: cette acquisition lui est nécessaire depuis la réunion de la Savoie.

X I.

ITALIE. — SARDAIGNE.

L'Italie est comme le levier de l'Europe, et quand on l'observe géographiquement, on n'est point étonné qu'elle ait été douze cents ans le trône des maîtres du monde. Sous une même autorité, et avec une législation plus mâle, elle rivaliserait bientôt avec les premiers états, et donnerait des commotions au Nord et au Midi. L'intérêt général demanderait que l'Italie fût divisée en plusieurs états, à-peu-près égaux, qui se régiraient eux-mêmes hors de l'influence d'aucune puissance dominante. Mais puisque des événemens fixes appellent l'Autriche à y avoir de grandes possessions, il faut se régler sur cet état présent de choses. L'Italie va devenir pour long-tems le point de mire des grandes combinaisons diplomatiques, des plans guerriers, des audacieuses entreprises. L'Autriche occupe Venise; la Russie a garnison à Gaëte; les Anglais couvrent les côtes de leurs escadres, et la route des Alpes est ouverte à la France. Tout ce qu'on fera pour le moment en Italie ne promet donc pas une stabilité inébranlable ; mais n'en résultât - il qu'un repos de douze ou quinze ans pour cette belle partie du monde, cet espace de bonheur mérite d'occuper le publiciste philantrope.

C'est vis-à-vis d'un prince faible qu'il faut se piquer de justice : elle paraît alors d'autant plus magnanime, qu'elle découle d'un sentiment étranger à la crainte ou à la politique. On pourrait donc présumer le rappel du roi de Sardaigne , dont la chûte première paraît autant le résultat de son excessive confiance envers les Français, que des mauvais conseils de ses ministres. Depuis sa sortie de ses états, il a paru se livrer à l'Autriche ; mais Vienne lui avait promis de l'y réintégrer. Une nouvelle expulsion alarmerait encore les rois, et serait une entrave à la pacification. Conformément au traité de Paris du 26 floréal an 4, dont les principales dispositions seraient maintenues, le roi de Sardaigne céderait à la France la Savoie et les comtés de Nice et de Tende. Il aurait en dédommagement quelques portions du littoral de Gênes, afin de faciliter ses communications avec Oneille ou avec la Sardaigne ; ce que la cour de Turin ambitionne depuis long - tems. Cette légère compensation nous attacherait par la confiance un souverain qui ne peut désormais nous être redoutable, surtout si l'on continue la démolition des places fortes du Piémont, système qui annonce l'intention du gouvernement français d'avoir toujours les portes de l'Italie ouvertes.

X I I.

RÉPUBLIQUES CISALPINE ET LIGURIENNE. PARME. - TOSCANE. - MODÈNE. - ROME.

La république Cisalpine est soumise à deux

hypothèses absolument contraires ; celle de sa conservation et celle de sa suppression. Elle doit être conservée, si elle n'est pas un obstacle formel à la paix avec l'Autriche, et dès-lors, elle aurait pour territoire la Lombardie, le Brescian, Parme et Plaisance. On y joindrait même la Ligurie qui est trop faible pour rester état isolé, sur-tout si l'on en détache quelques portions en faveur du roi de Sardaigne. Il convient de dégager la Cisalpine des états du duc de Parme, à qui on donnerait en échange Modène, Reggio et Bologne ; autrement la république Cisalpine ne présenterait qu'un amalgame de pays irréguliers et sans proportions. Si la république Cisalpine n'est pas conservée, elle pourrait être donnée, comme on l'a déjà dit, en appanage au duc de Parme, ou à tout autre prince étranger à la maison d'Autriche, mais avec de légères distractions de territoire en faveur des états environnans, le Piémont, la Toscane et la république Ligurienne, qui alors serait maintenue. Bologne pourrait même retourner au pape. Ces distributions rendraient la France agréable aux états d'Italie. C'est par des bienfaits qu'elle doit désormais chercher à se faire des partisans : elle fut jadis la protectrice des états secondaires , et ce rôle lui avait valu la considération de l'Europe.

Si la république Cisalpine est maintenue , on peut lui incorporer la république Ligurienne, et si celle - ci, au contraire, est seule conservée , on lui réunirait Massa et Carrara, et quelques portions de la Lombardie. Sa configuration topographique sera une longue zône ; mais les Appenins et la mer lui offrent deux défenses naturelles : d'ailleurs si près de nous, qu'aurait-elle à craindre ?

La Toscane restera sur le même pied , et ses relations entre elle et nous seront rétablies telles qu'elles existaient par le traité du 21 nivose an III.

Le duc de Modène, beau-père de l'archiduc Ferdinand , a été expulsé de ses états postérieurement à la signature de la suspension d'armes du 12 mai 1796 , comme ayant manqué à ses engagemens. Ce prince a réclamé dans l'Europe contre cette mesure du gouvernement Français : il y a apparence que l'Autriche demandera au moins quelque indemnité pour lui. Si on trouvait des obstacles à rétablir ce prince dans ses états , on pourrait lui former en Allemagne un appanage qui passerait à l'archiduc Ferdinand, son héritier. Le Brisgaw pourrait remplir en partie cet objet, en donnant à l'Autriche une portion de l'archevêché de Saltzbourg.

Si le pape est indifférent pour nous, il ne l'est pas pour certaines puissances, et il vaut encore mieux qu'il soit à Rome indépendant, que retiré à Venise sous l'influence de la cour de Vienne. Le souverain pontife serait rétabli dans ses états, à l'exception de Bénévent, des légations de Ferrare, de Bologne et d'Avignon. La République Française n'ayant plus avec Rome que des rapports temporels, pourrait renoncer aux vaines prérogatives réservées dans le dernier traité avecle Saint-Siège, et dont jouissaient les rois très-chrétiens, soit pour la présentation à des chapeaux de cardinaux, soit pour le droit de *veto* à l'élection du pape. La réserve de concourir au choix du chef d'une religion pour laquelle on n'a qu'une tolérance philosophique, peut être regardée comme vexatoire ou inconvenante.

X I I I.

NAPLES. — MALTE. — VENISE.

La cour de Naples, qui paraît ne nous

avoir déclaré la guerre en l'an 7, que pour éviter la révolution qu'elle pressentait, est restée depuis le départ des Français sur une simple défensive. On ne peut pas dire qu'elle nous aime ; il doit nous suffire qu'elle soit tranquille. Le traité précédemment fait entre la République française et Naples serait reconnu existant : le roi de Naples garderait Bénévent comme enclavé dans ses états.

Le décret de suppression de l'ordre de Malte en France fut aux yeux de tous les politiques l'annonce de sa fin prochaine : dès ce moment, ce souverain religieux et militaire, vrai phénomène politique, ne put plus faire face à ses dépenses ; et averti par sa décadence, il fit des ouvertures à divers cabinets, à la république elle-même, sur la cession de l'île de Malte. L'Angleterre et la Russie la convoitaient, la France en fit la conquête. Cet événement joint à l'abdication du grand-maître et à la destruction de la marine de l'ordre, semblait devoir consommer sa ruine ; mais une faible minorité dirigée par le chevalier Litta, officier des galères de Malte, au service de

Russie, élut pour grand-maître Paul Ier.; prince chevaleresque et digne de ce poste, s'il n'eût pas été schismatique et marié. Ce monarque a voulu masquer ces vices de son élection (1), en dérogeant à la plupart des statuts fondamentaux, et l'ordre de Malte sous lui, n'est plus une corporation de nobles admis uniquement *par preuves*, mais une décoration de faveur que ce souverain distribue arbitrairement à des catholiques ou non catholiques, à des célibataires ou à des hommes mariés. Ce nouvel ordre russe, qui n'est point à beaucoup près celui de Malte, n'a pas été approuvé par plusieurs états. Les cinq langues d'Espagne ont méconnu le nouveau grand-maître qui, de dépit, a déclaré la guerre à Charles IV. Les langues d'Italie, de Portugal et d'Allemagne l'ont reconnu à demi.

---

(1) Il est vrai que dans le second traité passé entre l'ordre de Saint-Jean et Paul I, ce prince stipulait que ses sujets de la religion grecque schismatique seraient reçus dans l'ordre, et à cet effet, il assigna un million deux cent mille rixdalers de rente annuelle ; mais ce traité destructif de l'essence d'un ordre religieux non moins que militaire, ne peut justifier l'intrusion du czar.

Paul Ier. se dédommage de ces contrariétés en créant des chevaliers; mais son amour-propre et son ambition le portent toujours secrettement vers l'occupation de Malte; et ce point qui le travaille, peut servir d'acheminement à une explication amicale.

On pourrait lui offrir la restitution de l'île pour l'ordre, mais après en avoir fait sauter les fortifications, lesquelles ne pourraient jamais être rétablies, et à condition que le port de Malte seroit neutre et ouvert à tous les pavillons. A l'extinction de l'ordre, Malte retournerait au souverain de la Sicile, dont elle est une annexe naturelle, et une ancienne dépendance. On sent que sa possession, par ce souverain, ne serait jamais dangereuse. — J'ai dit *à l'extinction de l'ordre*; car il est vaisemblable qu'avant trente ans, tous les souverains catholiques se constitueront chefs de l'ordre dans leurs états, et s'empareront des commanderies dont ils ne voudront point laisser la disposition à un souverain étranger qui exercerait ainsi son influence sur une partie de leurs sujets. Le moment de l'extinction de l'ordre serait celui où il serait divisé et concentré dans chaque état respectif. Malte peut devenir un

objet important dans la masse des compensations, vis-à-vis même de l'Angleterre : la
France l'eût pu garder comme échelle entre elle
et l'Egypte ; mais renonçant à ce dernier pays,
elle doit renoncer également à Malte, qui,
en politique systématique et raisonnée, ne
doit appartenir à aucune puissance du premier
ordre.

Paul Ier. s'intéresse, dit-on, vivement au
rétablissement de la république de Venise,
soit parce que ce prince est porté pour le
statu quo ante Bellum, soit parce qu'il est
jaloux de voir l'autorité regner dans l'Adriatique. — Le rétablissement de Venise tient
avant tout à la restitution de la Belgique à
l'Empereur; si elle n'a pas lieu, comme Venise
est la seule indemnité qu'on puisse lui offrir,
il n'y a point d'apparence qu'il s'en dessaisisse.
La suppression de cette république, blâmée
par quelques politiques, est l'ouvrage du des-
tin et de la nature, qui veulent que tout ce qui
est déchu périsse ; et ce sera un miracle de la
politique de ressusciter cet état éteint de ca-
ducité; aujourd'hui, sur-tout, qu'il a été divisé
en deux parts, et que de l'aveu de l'Autriche
et de la Russie elle-même, les îles ex-vénitiennes, régies par un gouvernement fédératif,

seront sous la protection de la Porte, en qualité de tributaires.

X I V.

TURQUIE. — EGYPTE.

L'empire Ottoman, tombeau de tant de nations, jadis l'honneur du monde, doit être encore recherché par nous : ainsi le veulent la politique et l'intérêt du commerce; quand la philosophie et l'humanité formeraient peut-être des vœux contraires. Mais ce n'est pas à nous à accélérer sa destinée; elle est écrite dans les pages du tems. En attendant il faut terminer l'affaire d'Egypte, et hâter un rapprochement que l'Angleterre rend chaque jour plus difficile, parce que son intérêt est de gouverner le divan et de s'emparer du commerce du Levant.

On se rapprochera de la Porte en évacuant l'Egypte; la capitulation entre Kleber et Sidney - Smith, annonce l'impossibilité de s'y maintenir. En effet, l'armée française, dévorée journellement par un climat incendiaire et par les fatigues d'une guerre perpétuelle, s'épuise : elle était de vingt-deux mille hommes il y a six mois, elle doit avoir encore perdu, et ses pertes sont irréparables, puisqu'elle ne

peut être rafraîchie par des troupes d'Europe.
Si on pouvait disposer des Arabes, des Cophtes,
et des Mamelucks, les enrégimenter, les af-
fectionner à notre cause, peut-être parvien-
drait-on à défendre l'Egypte par elle-même.
Mais il est difficile qu'un peuple éteint par
mille ans de servitude et de préjugés, renaisse
si promptement aux sentimens énergiques,
au patriotisme, au courage. Kleber dans l'in-
dignation de l'honneur trompé, a puni le
grand - visir de la violation d'un traité so-
lennel ; mais sa victoire, qui peut bien pro-
longer son séjour en Egypte, ne saurait y
consolider sa puissance combattue par trop
d'obstacles naturels et politiques. On ne doit
pas se dissimuler que l'évacuation de l'Egypte
peut seule nous garantir la paix avec la Tur-
quie, la Russie et l'Angleterre : ces trois puissances sentent trop que par l'Egypte les Français touchent aux portes de Constantinople,
de Cherson et de Madras, et que de-là ils
feraient trembler les czars, les sultans et les
nababs anglais : ainsi c'est l'excellence même
de notre position locale qui en fait le danger.

Que restera-t-il donc de l'expédition d'E-
gypte, de cette expédition conçue par le patriotisme, exécutée par l'héroïsme, et qui sans le re-

vers inattendu d'Aboukir, eût peut-être changé la face du monde ? — Il en restera une immense gloire .... et si la gloire à ses illusions, elle a aussi ses réalités. Qui sait ce qu'a valu à la France, pendant un siècle, la gloire de Louis XIV, et ce que lui procurera celle du vainqueur de l'Egypte dans le siècle qui se déroule ? Cette gloire ne lui a-t-elle pas déjà servi à fonder un gouvernement sauveur de son pays, et à vaincre des résistances qui eussent perpétué nos maux. La gloire est donc souvent le garant du bonheur. Mais dans une application plus immédiate, je dirai que nos succès en Egypte ont dû inspirer à la Porte la plus grande estime pour la France ; qu'ils nous procureront un rapprochement plus prompt, et qu'en lui rendant l'Egypte, nous pouvons négocier le rétablissement des anciennes capitulations, et même de nouveaux avantages commerciaux. Dans l'Orient et dans les Indes, nos succès nous y auront préparé des admirateurs, des amis, des alliés qui peuvent nous ouvrir des comptoirs exclusifs, et nous servir dans d'importans desseins. Ce sera à la diplomatie, par une influence sagement ménagée, à profiter de ces belles circonstances !

Etats-Unis.

(65)

X. V.

ETATS-UNIS.

L'arrêté du directoire du 14 messidor an
IV, qui enjoint aux croiseurs français d'agir
envers les neutres comme les Anglais en agis-
sent envers eux, et qui, suivant la logique
des corsaires, emportait la faculté d'arrêter
non seulement les vaisseaux américains chargés pour l'Angleterre, mais les vaisseaux américains chargés pour France, ou même avec
des cargaisons françaises : cet arrêté d'un
vague et d'une latitude sans bornes, est devenu la principale cause de nos débats avec
les Etats-Unis qui réclament plus de quatre
cents de leurs bâtimens, ou des indemnités.
Il est vrai qu'on reproche au gouvernement
fédéral d'avoir provoqué l'arrêté du directoire par un traité avec l'Angleterre lésif
de celui de 1778 conclu avec nous, et qui
serait souillé de partialité, d'ingratitude. Les
Etats-Unis ont entamé deux négociations avec
la France. La première avorta, je crois, par
le manque de pouvoirs suffisans de la part
des négociateurs américains. La seconde négociation sera-t-elle plus heureuse? On doit
s'en flatter, si la sagacité et la droiture d'intention des négociateurs français tiennent
lieu de garantie.   E

Il faut, de part et d'autre, oublier tout ce qui appartient à des mal entendus, au désordre momentané de nos relations au dehors, et remonter aux tems de bonne intelligence, en prenant des termes moyens sur les griefs et les demandes. On ne doit pourtant point se dissimuler que les Etats-Unis ne seront plus pour nous, ce qu'ils auraient pu être encore un demi-siècle. Leurs derniers débats avec la France resserrent avec les Anglais des liens formés par l'analogie de mœurs, de langage, d'origine, d'esprit commercial; et ces motifs privés paraissent se réunir aux motifs politiques. Les Etats-Unis sont placés entre les colonies anglaises et espagnoles. D'après l'expérience que la guerre s'allume plutôt entre les états voisins, qu'entre les peuples éloignés, les Etats-Unis doivent, dans un tems donné, avoir la guerre avec les Anglais ou les Espagnols, et plus vraisemblablement avec ceux-ci, comme plus riches, plus faibles et moins amis; et dès lors nous voici nous-mêmes en guerre avec les Etats-Unis par suite de notre alliance avec l'Espagne.

Du reste, telle doit être la marche de l'indépendance américaine, que les Etats-Unis seuls ou avec le concours des Au-

glais, affranchiront les colonies espagnoles :
celles - ci , jointes aux Etats - Unis , ex-
pulseront successivement Anglais , Portu-
gais, Hollandais, et tous Européens de leur
continent et de ses parages. A cette époque,
les peuples d'Amérique, distribués d'après
leur population ou leurs limites naturelles ,
formeront entre eux des alliances , s'équili-
breront ; et riches de leur propre fonds ,
comme d'une industrie perfectionnée , ils
compteront les Européens pour peu de chose ;
résultat nécessaire d'un grand éloignement,
et de l'ascendant que l'Amérique doit avec
les siècles prendre sur chacune des parties
de l'ancien monde. En attendant que ces
événemens, déjà prédits se réalisent, l'intérêt des Etats-Unis est de rester neutres au
milieu des débats de l'Europe, comme le
nôtre est d'entretenir avec eux la meilleure
intelligence.

On a remarqué qu'à la longue les républiques vivent moins bien entre elles qu'avec
les monarchies, et que celles-ci au contraire
sont plus en harmonie avec les états libres
qu'avec leurs pareils. Il faut espérer que cette
observation ne se réalisera pas si promptement
entre nous et les Etats-Unis.

X M I.

RÉPUBLIQUE FRANÇAISE.

Quand on compare les résultats généraux de la grande crise qui, depuis huit ans agite l'Europe, on est étonné de voir comme dans deux tableaux parallèles, les conquêtes des Français sur le continent, et celles des Anglais dans les deux Indes; les triomphes de nos armées de terre et les victoires navales de l'Angletere; l'impossibilité de percer nos frontières, et la difficulté de franchir l'Océan, protecteur de notre ennemi; d'une part, le génie heureux de Bonaparte, et l'enthousiasme guerrier des Français; de l'autre, le génie inflexible de Pitt et l'esprit public anglais. Ici, l'embarras des finances par la faiblesse des rentrées et la léthargie du commerce; chez nos rivaux, l'enflure des finances, l'énormité de la dette, la prodigalité des subsides; enfin l'opposition française, débris de tant de partis, presque réduite au silence, et l'opposition anglaise aussi faible, aussi impuissante; quand on compare, dis-je, ces grands résultats, on est étonné de leur balancement; et certes ce n'est pas un médiocre succès pour le nouveau gouvernement d'avoir rétabli un pareil niveau, quand tout penchait, il y a peu de mois, en faveur de nos ennemis.

Si la République n'avait à traiter qu'avec le continent, ses prétentions pourraient être très-élevées ; mais dans une négociation où l'Angleterre peut être admise, ses demandes doivent être dictées par la réserve, afin d'en commander à sa rivale. La République voulant recouvrer ses colonies, et une partie de celles de ses alliés, doit se désister en Europe de tout ce qui n'est point nécessaire à son existence. Elle doit vaincre par la modération les préventions de ses ennemis, et cette victoire aura bien son prix. D'ailleurs, dès-lors qu'il est reconnu qu'il n'est point de notre intérêt d'écraser l'Autriche, ni en notre pouvoir de vaincre l'Angleterre, il faut mettre un terme à la guerre. Si les succès de nos armées ont un éclat utile ; trop prolongés, ils ont aussi leurs dangers, parce qu'ils servent de signal aux alarmes, et de prétexte aux ligues ennemies. Ainsi, la victoire elle - même conseille la paix ; mais quel sera le lot de la France dans cette bruyante dislocation d'états qui rappelle cette médaille de Louis XIV, dont l'exergue était : *Regna assignata ?*

L'équilibre commercial exige que la République rentre, 1°. dans tous ses établissemens d'Amérique et d'Afrique, tels que la Martinique, Sainte-Lucie, la Grenade, la Dominique, Tabago, Saint-Pierre et Miquelon, ou l'isle Gorée, etc; 2°. dans ceux d'Asie, tels que Pondichery, avec les deux districts de Valantour et de Bahour, Karical, Mahé, Chandernagor, et toutes les loges et comptoirs que possédait aux Indes la Nation française.

L'équilibre continental exige que la République rende la majeure partie des états conquis sur la rive gauche du Rhin; mais le principe des compensations et indemnités exige aussi d'abord, que la France garde la Savoie, le comté de Nice, Genève, Avignon et le pays de Porentruy.

La grande question est de savoir si la République gardera la Belgique. Certes, son intérêt n'est pas douteux. Celui de l'Angleterre, en contestant la réunion de ce riche pays ne l'est pas moins. Il n'y a donc que la perspective d'une guerre interminable avec l'Angleterre, ou d'une guerre de trente ans; comme celle qui précéda le traité de Westphalie; il n'y a dis-je, que cette triste perspective qui puisse déterminer le cabinet français à céder sur ce point important que j'ai

développé à l'article ANGLETERRE. Toutefois,
dans ce cas même, il en serait détaché pour
la France, la province de Luxembourg, le
Tournaisis, le Haynault et le comté de Namur.
La Belgique, quant au surplus, serait déclarée
indépendante et gouvernée par elle-même,
ou donnée en appanage à un prince de Prusse.
La République par les restitutions coloniales
et ses acquisitions continentales, aurait donc
encore un sort brillaut. Les guerres les plus
heureuses de Louis XIV, ne lui ont souvent
procuré à la paix qu'une province, et par
combien de trophées et de sang, l'Alsace, la
Franche-Comté et la Flandre ont-elles été
acquises? Louis XV n'ajouta pas une Ville
à la France à la paix d'Aix-la-Chapelle,
malgré les immortelles campagnes du Maré-
chal de Saxe. L'acquisition de la Lorraine
et de la Corse, fût plutôt le résultat d'habiles
négociations que le prix des victoires. Louis
XVI pour indemnité de la guerre d'Amérique, n'obtint que Tabago et la restitution
de la Grenade. Ainsi, l'acquisition de la Savoie, de Nice, d'Avignon, de Genève, de
Porentruy, de la province de Luxembourg, du
Tournaisis, du Namurais et du Haynault, peut-
être regardée comme très-belle, sous le rap-

port territorial et défensif. Nous recouvrons toutes nos colonies. Celle de Saint-Domingue, en y joignant la partie Espagnole qui est encore vierge, rivalisera sous peu d'années avec les colonies à sucre de l'Angleterre. Le nouveau territoire de Saint - Domingue pourrait être mis promptement en valeur, en le divisant par lots qui, à la paix, seraient distribués aux jeunes militaires licenciés. Là se trouverait ce milliard promis à nos guerriers. La Guadeloupe, la Martinique et les isles de France et de la Réunion, ont peu souffert de la révolution, et régorgent de denrées. On relevera peu-à-peu Pondichery et les comptoirs de l'Inde.

Ainsi, la République aurait réellement augmenté de puissance, quoique dans une proportion moins forte que celle que lui assignaient certains politiques, qui pour colorer des accroissemens presque indéfinis, mettent toujours en avant le partage de la Pologne; mais outre que dans le plan de paix tracé ici, on engagerait chacune des puissances copartageantes à renoncer à une partie de leurs acquisitions en faveur du prétendant, j'observerai que l'effet du partage de la Pologne s'atténue beaucoup, si l'on considère,

1°. que parmi les trois puissances copartageantes, la République dans un système
régulier, doit toujours trouver au moins un
allié; 2°. que l'accroissement de forces et de
territoire ayant été à peu-près égal pour les
puissances copartageantes, est devenu res-
pectivement nul pour elles; 3°. qu'il est ré-
sulté du partage même entre les trois puissances, un contact qui les oblige à avoir
sur leurs nouvelles frontières, des forces proportionnelles à l'importance de leurs acquisitions; ce qui les annulle encore. De plus, la
France république a par son organisation et
par l'appel de tous les citoyens à la profession
des armes, ainsi que par la suppression du
clergé et des classes privilégiées; la Repu-
blique, dis-je, par cette nouvelle disposition
de bras, dont ne jouissait pas la monarchie,
a de beaucoup augmenté sa population active.
Enfin, si la France dans son isolement, a
pu renverser tant d'états, et soutenir les
efforts conjurés de tous, qui pourrait douter
de sa prépondérance après ses nouvelles acquisitions, et sous l'influence brûlante du
gouvernement qui l'active? Sa force sans
égale est dans ce sol nourricier de l'héroïsme
et du génie.

X V I I.

DE LA GARANTIE DES NOUVEAUX TRAITÉS......

Quel serait maintenant le gage de la durée des nouveaux traités? On a dû remarquer avec douleur que beaucoup de ceux conclus depuis la révolution, n'ont eu que la durée d'un jour, soit par le défaut de garantie politique, soit par la rigueur des conditions imposées, soit par le peu de soins mis à les observer.

1°. Le traité de pacification générale serait garanti par les principaux états de l'Europe, non-seulement les belligérans, mais encore les médiateurs, qui s'engageraient tous à unir leurs armes contre les infracteurs. C'est principalement à cette garantie de l'Europe, comme à la sagacité des négociateurs que le traité de Westphalie a dû sa longue durée, quoiqu'il soit d'ailleurs le monument diplomatique le mieux assis, le mieux proportionné qui ait jamais été élevé par les arbitres des nations.

2°. Le traité de pacification aurait une sorte de garantie morale dans les avantages résultans pour chacune des puissances dominantes. Elles se jetteront bientôt dans les chances d'une nouvelle guerre, si elles sont dépouillées ou avilies ; mais si elles obtiennent tout ce que leur sureté exige, et tout ce que l'impartialité leur doit, elles ne songeront point à enfreindre un acte garant de leur honneur et de leurs possessions.

3°. La garantie de la paix est sur-tout dans la conduite réciproque de chaque gouvernement. Il faut d'une part, que les gouvernemens étrangers renonçant au vain espoir de renverser la République, n'y fomentent plus de troubles ; qu'ils traitent nos agens avec les égards dûs à une grande nation ; qu'ils ne vexent point légèrement les Français voyageant dans leurs états, sous prétexte d'opinions incendiaires. Nos agens à leur tour, auront les plus grands ménagemens pour les gouvernemens étrangers. S'il en est plusieurs, qui par la dignité de leur conduite, ont vengé les principes républicains, il en est d'autres qui ont amassé la haine sur nous, par des offices inconséquens, des menées clandestines et des prétentions sourcilleuses. La République fondée sur une sage philosophie, n'attend point son éclat de l'ostentation, et quand le héros de nos jours fut modeste, la modération est la leçon de tous.

Le cabinet français offrira de nouvelles garanties à la paix, en ne se mêlant plus des affaires de ses voisins, en ne favorisant point les mécontens, en sympathisant avec toutes les formes de gouvernement, afin de détruire les reproches d'*insociabilité*, qui fesaient de la République, l'ennemie naturelle de tous les états ; et à cet égard, les intentions du premier Consul, comme les dispositions du Ministre des relations, extérieures semblent offrir de justes motifs de confiance.

Le gouvernement ne multipliera point les alliances offensives, source de guerre ; il y aura peu de traités secrets, trop souvent asile de fraude et de machiavélisme ; des transactions commerciales faites avec maturité et pour un temps déterminé, nous uniront à toutes les nations.

X V I I I.

CODE MARITIME UNIVERSEL.

Le traité de pacification doit affranchir la navigation de ses entraves, et pourvoir à la police des mers.

La neutralité armée de 1780, formée entre la Russie, le Danemarck et la Suède, avait en vue ce grand objet. La France adhéra aux

principes renfermés dans leurs déclarations :
l'Angleterre parut y donner son adhésion ,
mais en laissant toujours à ses amirautés le
droit de prononcer d'après leurs règles sur les
difficultés entre les vaisseaux neutres et les
siens ; ce qui rendit nulles les sages déclarations de la neutralité armée. Il convient que
les négociations prochaines arrêtent des principes immuables, sur le droit de visite et de
saisie des bâtimens, sur les marchandises trans-
portables par les neutres ; sur les marchandises
des ennemis à bord des bâtimens neutres , et sur
celles des neutres à bord des bâtimens ennemis.
Ce droit commun maritime , auquel même seraient forcés d'accéder les puissances barba-
resques , serait un grand pas vers l'harmonie
générale des peuples , et adoucirait le fléau des
guerres futures. On pourrait arrêter encore ,
comme point de droit public , la navigation
libre de toutes les mers. Enfin , un consente-
ment général reconnaîtrait comme ports neutres , même en tems de guerre, Hambourg,
Livourne , Malte , Raguse , Alexandrie d'E-
gypte, Madère, le cap de Bonne - Espérance
et Baltimore du Maryland. Là pourraient se
réunir, dans une paix constante, et sans autre
rivalité que celle de l'industrie , les commer-

çans de toutes les nations. L'on sent que ces objets devraient être sanctionnés par l'Europe et les puissances locales ; et qui empêcherait donc qu'on ne vît enfin des coalitions pour consolider la paix, quand on en a tant vu pour renouveller la guerre.

RÉSUMÉ GÉNÉRAL.

1º. L'Angleterre recevrait des Espagnols l'île de la Trinité, et des Hollandais Saint-Eustache, Surinam et Demerary, ou Ceylan et le cap de Bonne-Espérance ;

2º. L'Autriche aurait en remplacement de la Belgique, de la Lombardie et du Brisgaw, la Terre - Ferme de Venise, Ferrare, Mantoue et une partie du Saltzbourg ;

3º. Il serait formé dans l'Empire des apanages pour le prince d'Orange, le duc de Modène et ses héritiers, et le duc d'Yorck. Le Brisgaw, les évêchés de Wurtzbourg, d'Osnabruck et de Paderborn, pourraient remplir cet objet ;

4º. La Prusse aurait Nuremberg, le bailliage d'Ellingen, ou quelqu'autre territoire d'égale étendue ;

5º. On rétablirait l'électorat vacant en faveur du duc de Wirtemberg.

6º. Il serait formé, s'il est possible, une souveraineté pour la maison de Bourbon dans la Pologne;

7º. Le roi de Sardaigne céderait la Savoie et le comté de Nice; on lui donnerait un territoire qui lui ouvrirait des communications avec Oneille et avec la Sardaigne;

8º. Dans l'hypothèse de la conservation de la république Cisalpine, elle serait formée des provinces qui entraient dans son organisation primitive, à l'exception de Mantoue et Ferrare, et la république Ligurienne y serait réunie. Dans le cas de la suppression de la république Cisalpine, elle serait érigée en une ou plusieurs principautés indépendantes pour des princes non Autrichiens, en fesant des distractions en faveur des états environnans, et en particulier, pour la république Ligurienne qui serait maintenue;

9º. Le pape serait réintégré dans les états de l'église, à l'exception des légations de Ferrare et de Bologne, de Bénévent et d'Avignon;

10º. Malte retournerait à l'Ordre, et à son extinction à Naples ;

11º. L'Espagne recouvrerait Minorque ;

12º. La République française rentrerait dans toutes ses possessions d'outre-mer, et aurait la Savoie, Nice, Genève, le comtat Venaissin, Porentruy. Si on ne peut composer avec les Anglais sur la Belgique maritime, la France conserverait toutefois le Luxembourg, le Tournaisis, le Haynault et le comté de Namur, et restituerait alors aux Bataves la Flaudre hollandaise, Maëstricht, Venloo et Flessingue.

La Belgique, sauf les distractions ci-dessus, serait donnée en apanage à un prince de Prusse.

CONCLUSION.

J'ai tâché ici de concilier le principe des indemnités avec celui de l'équilibre continental et maritime. Je n'ai aspiré qu'à simplifier ce qui est si facile à embrouiller. Quelques personnes me trouveront peut-être un peu économe envers la république ; mais j'ai pensé qu'une extension démésurée de territoire est aussi incompatible avec une prompte paix, qu'avec le bonheur de la France et de l'Europe.

Un sentiment qu'il ne faut pas confondre

(81)

avec l'amour de la patrie, peut faire désirer
pour son pays la domination universelle ;
l'homme éclairé la rejette, et il a pour lui
l'histoire et la raison. L'égoïsme national sa-
crifierait l'Univers à un seul peuple ; l'amour
de la patrie se coordonne avec le bonheur du
genre humain. Qu'est - ce donc que la République française aurait à demander à la fortune ? N'a - t - elle pas tout ce qu'il faut pour
l'immortalité ? Et qui sait quelle sera la viri-
lité d'une puissance si grande à son berceau ?
Puisse au mois sa grandeur, réglée par la sagesse, être utile à elle-même et à l'Univers !

Je n'ignore point les objections qu'on peut
faire contre quelques parties du plan présenté ;
mais je désire qu'on le juge DANS SON ENSEMBLE ;
s'il est des choses fort bonnes à dire en faveur
de la limite du Rhin et de la Belgique, il
en est de bien meilleures encore à dire en
faveur de la paix, de cette paix de nécessité
première, qui ne doit pas être une trève de
quelques mois, mais dont la durée garantie
par sa modération, doit consoler la France
de son long veuvage, et la rendre de nouveau
la capitale de l'Europe, le rendez-vous des
guerriers, se délassant de leurs campagnes,
des lettrés, des artistes dont le génie cherche

F.

des objets neufs, des philosophes qui soupirent après une législation libre et tolérante, et enfin, de tous les amis du goût, des plaisirs et de cette sociabilité, que quelques barbares n'ont pû détruire, parce qu'elle est innée chez les Français.

ORDRE DES MATIÈRES.

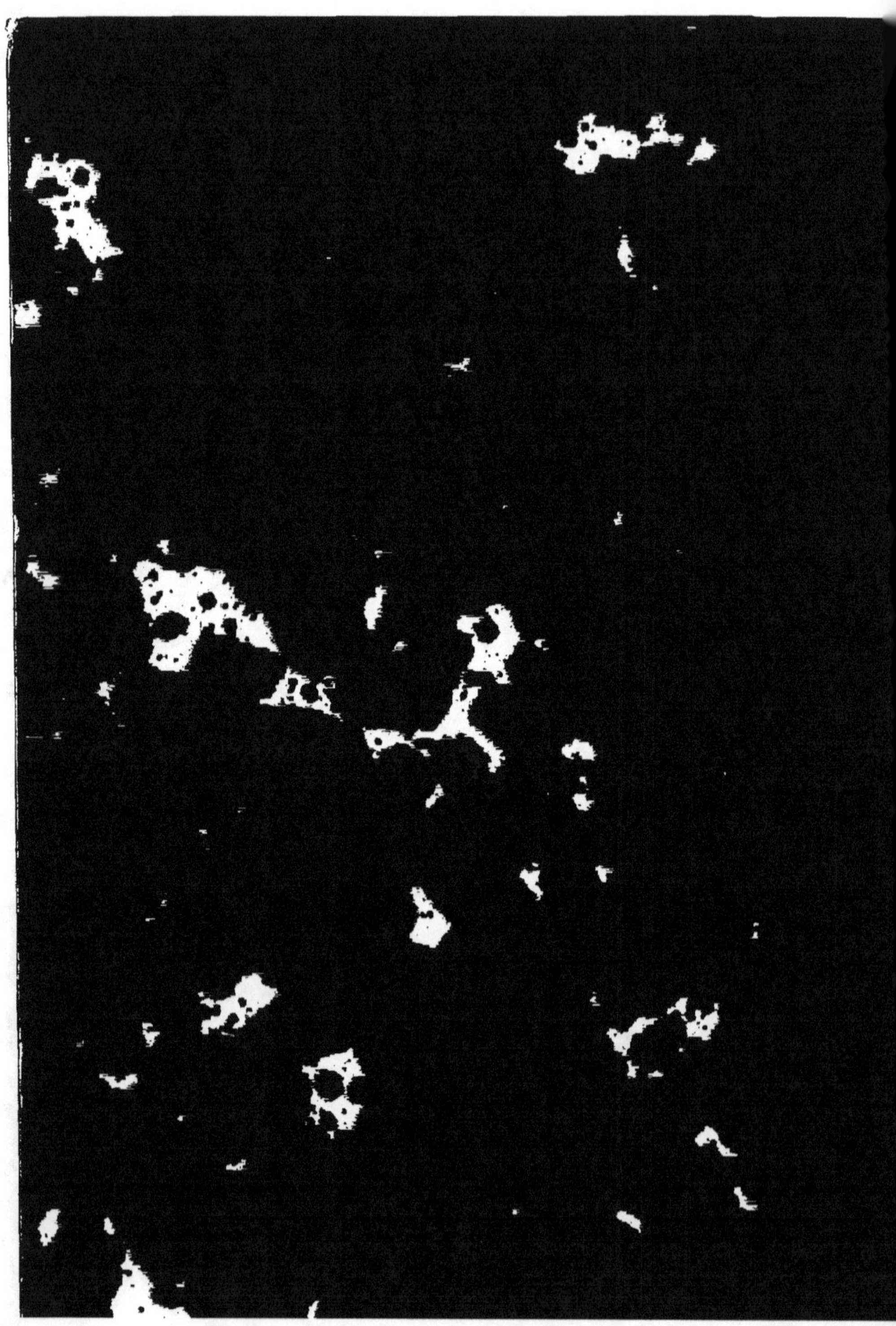